BEI GRIN MACHT SICH IHR WISSEN BEZAHLT

Olga Nikitina

Der diplomatische Einfluss Adenauers auf die Westintegration

GRIN Verlag

Bibliografische Information der Deutschen Nationalbibliothek:

Die Deutsche Bibliothek verzeichnet diese Publikation in der Deutschen National-
bibliografie; detaillierte bibliografische Daten sind im Internet über http://dnb.d-
nb.de/ abrufbar.

Impressum:

Copyright © 2003 GRIN Verlag GmbH
Druck und Bindung: Books on Demand GmbH, Norderstedt Germany
ISBN: 978-3-638-77173-3

Dieses Buch bei GRIN:

http://www.grin.com/de/e-book/22742/der-diplomatische-einfluss-adenauers-auf-
die-westintegration

GRIN - Your knowledge has value

Der GRIN Verlag publiziert seit 1998 wissenschaftliche Arbeiten von Studenten, Hochschullehrern und anderen Akademikern als eBook und gedrucktes Buch. Die Verlagswebsite www.grin.com ist die ideale Plattform zur Veröffentlichung von Hausarbeiten, Abschlussarbeiten, wissenschaftlichen Aufsätzen, Dissertationen und Fachbüchern.

Besuchen Sie uns im Internet:

http://www.grin.com/

http://www.facebook.com/grincom

http://www.twitter.com/grin_com

Diplomatischer Einfluss Adenauers
auf die Westintegration

Vorgelegt von:

Nikitina Olga

Hauptfach: Politische Wissenschaft

5.02.2003

Inhaltsverzeichnis

1. Einleitung

Die vorliegende Arbeit behandelt einen der interessantesten und politisch-historisch bedeutendsten Abschnitt bundesdeutscher Nachkriegspolitik.

Ein politisch-historischer Abschnitt deutscher Geschichte, dessen Name als „Ära Adenauer" bezeichnet wird, soll hier dargestellt werden. Die recht umfangreichen politischen Ereignisse der deutschen Außenpolitik dieser Zeit (1949-1963), deren Voraussetzungen, der Verlauf und die Ergebnisse der deutschen Politik während der Regierungszeit Konrad Adenauer, bilden den Schwerpunkt dieser Arbeit.

Das Konzept der westeuropäischen Integrationspolitik und die Vereinigung Deutschlands, die in oberster Priorität der deutschen Außenpolitik standen, soll im Laufe dieser Arbeit vertieft werden.

Die zahlreichen politischen und wirtschaftlichen Abkommen und Verträge der Jahre 1948 bis 1963, deren Inhalt und Bedeutung die internationalen Beziehungen mit den Westmächten als auch mit der Sowjetunion beeinflussen, sind ein weiterer Schwerpunkt der Arbeit. Durch die Widergabe der bedeutendsten Zitate dieser Zeit, wird die Arbeit interessanter gestaltet. An Ihnen lässt sich der Verlauf der politisch-historischen Ereignisse der Ära Adenauer anschaulich erläutern.

In der Schlussbetrachtung wird auf den wichtigsten thematischen Punkte eingegangen, welche die Folgen der politischen Ausrichtung des Westens Nachkriegsdeutschlands in Richtung der westlichen Demokratien und der deutschen Wiedervereinigung beschrieben.

2. Grundlagen zur Zeit und Person Adenauers

2.1 Der Begriff "Ära Adenauer"

Der Abschnitt der deutschen Geschichte von 1949 bis 1963 wird oftmals als Ära Adenauer bezeichnet. Zum einen fielen in dieser Zeit, in der Konrad Adenauer (1876-1967) die westdeutsche Nachkriegspolitik maßgeblich geprägt hat, wichtige politische Grundsatzentscheidungen, so etwa über die Westintegration der Bundesrepublik Deutschland, die Aussöhnung mit Frankreich und das Wiedergutmachungsabkommen mit Israel. Zum anderen gelang es Adenauer schon bald nach Amtsantritt, die im Grundgesetz angelegte herausragende Stellung des Amtes als Bundskanzler der neu gegründeten Bundesrepublik Deutschland zu nutzen. Unumstritten war der 1949, mit nur einer Stimme Mehrheit (seiner eigenen) zum Bundeskanzler gewählte CDU-Politiker nie und Kritiker bezeichnen die Bonner Republik unter Adenauer so oftmals als "Kanzlerdemokratie". Der Erfolg die von ihm verfolgte Politik verhelfen ihm noch dreimal zur Wiederwahl, ehe Adenauer 1963 "nicht leichten Herzens" abtritt.

2.2 Konrad Adenauers Lebensweg

Konrad Adenauer wurde 01.05.1876 in Köln geboren. Nach dem Volksschulabschluss begann Adenauer eine Karriere als Beamter in Köln, wird Jurist und Politiker der Zentrumspartei.

1917 wird er mit 42 Jahren jüngster deutscher Oberbürgermeister in Köln. Nach dem Abschluss des Versailler Vertrages zogen britische Truppen in Köln ein. Adenauer blieb jedoch Oberbürgermeister bis zur Enthebung aus dem Amt durch die Nationalsozialisten (1933).

Nach dem ersten Weltkrieg (1914-18) spielte Adenauer bereits mit dem Gedanken eines eigenen westlichen deutschen Staates ohne Preußen, wie es Frankreich zum Teil auch forderte. Adenauer verfolgte diesen Gedanken aber nie wirklich aktiv. Als Frankreich das Rheinland besetzte, verhandelte Adenauer im Auftrag der Reichsregierung mit den Franzosen. Er bekannte sich zum Vaterland und zur Republik, forderte aber die Aussöhnung nach Westen.

Von Mai bis Oktober 1945 war Adenauer kurzfristig wieder Oberbürgermeister von Köln. In der britischen Besatzungszone beteiligte er sich am Aufbau der Christlich Demokratischen Union (CDU) und wurde nach Errichtung der Bundesrepublik Deutschland 1950-66 ihr Bundesvorsitzender.

In den Jahren 1948-49 war Adenauer Präsident des Parlamentarischen Rats, der an der Ausarbeitung und Verabschiedung der deutschen Verfassung arbeitete.

1949 wird Adenauer Mitglied des 1. Deutschen Bundestages und am 01.09.49 wird der 73 jährige mit der Mehrheit seiner eigenen Stimmer zum ersten Bundeskanzler der neu gegründeten Bundesrepublik Deutschland gewählt. Diese Amt behält er bis 1963.

Konrad Adenauer stirbt am 19.04.1967 in Bad Honnef.

2.3 Weltordnung nach dem Zweiten Weltkrieg

Nach dem Ende des 2. Weltkrieges wurde auf dem internationalen Spielraum eine bipolare Weltordnung, mit neuen führenden Weltmächten geprägt. Es entstand eine unüberwindliche ideologische Kluft zwischen der sozialististischen Sowjetunion und den Westmächten, welche durch Liberalismus, Demokratie und freier Wirtschaft geprägt waren. Zwischen beiden Mächten herrschte ein Zustand, der als „Kalter Krieg" bezeichnet wird. Deutschland stand während der gesamten Zeit politisch, ideologisch und strategisch im Zentrum des globalen Konflikts. Die Teilung des Deutschlands in einen östlich (Deutsche Demokratische Republik-DDR) und einen westlichen Staat (BRD) 1961 war gewissermaßen der manifeste Ausdruck der bipolaren Weltordnung.

3. Das politische Szenario der deutschen Außenpolitik

Die Ära Adenauer dauerte fast 14 Jahre bis 1963 und wurde bezeichnet als die Zeit des großen Wandels in der Außenpolitik des Deutschlands. Die Außenpolitik der BRD hatte unter Konrad Adenauer eine klare Richtung. Zahlreiche Abkommen und Verträgen sollten die Bundesrepublik Deutschland (BRD) als gleichberechtigten und verlässlichen Partner in die westliche Welt einbeziehen. Im Gegenzug sollte Schritt für Schritt ihr Entscheidungsraum vergrößert und ihre Souveränität erreicht werden.

3.1 Die westliche Integration Deutschlands als das Hauptziel Adenauers Außenpolitik

Adenauer hatte ein vorrangiges Ziel in seiner Politik. Er wollte ein souveränes, fest in den Westen integriertes Gesamtdeutschland prägen. Da er das aber zu der Zeit unmöglich ansah, versuchte er alles, um wenigstens die Bundesrepublik fest in den Westen zu integrieren. So wollte er die Freiheit Westdeutschlands sichern. Als größter Feind der Freiheit und somit auch der Einheit sah Adenauer die Sowjetunion an. Er sah die BRD und ganzer Europa durch den sowjetischen Expansionswillen stark bedroht. Daher stand als Ziel seiner Politik die europäische Vereinigung auf militärischer, wirtschaftlicher und politischer Basis an oberster Stelle. "Adenauer hatte die Vision einer vereinigten Welt aller freien, demokratische Staaten unter Führung der USA. Er verhandelte aus einer Position der Stärke mit der Sowjetunion und strebte danach, die Einheit Deutschlands in Freiheit zu erreichen. Durch die strikte Einbindung der Bundesrepublik in den Westen vertiefte er allerdings zunächst die Teilung, was in der Opposition und in Teilen der CDU erheblichen Widerstand auslöste.[1]

3.2 Sind die Verträge ein politisches Element der Westintegration?

Um sein primäres Ziel, die Bundesrepublik Deutschland in den Westen zu integrieren, zu erreichen, stellte Adenauer die Außenpolitik in den Vordergrund seiner Politik. Er versuchte mit Nachdruck die Souveränität der Bundesrepublik zu erlangen und so Teil eines starken Westens zu werden. Adenauer sagte dazu:

„Erst wenn der Westen stark ist, ergibt sich ein wirklicher Ausgangspunkt für friedliche Verhandlungen mit dem Ziel, nicht nur die Sowjetzone, sondern das ganze versklavte Europa östlich des Eisernen Vorhangs zu befreien, in Frieden zu befreien."[2]

Aus seiner Sicht bestand also erst eine Chance auf der Einheit Deutschlands, wenn ein starker Westen den Osten „in die Knie gezwungen" hatte. Für Adenauer galt der Vorsatz: Westintegration vor Einheit; Freiheit vor Einheit. Konrad Adenauer unterstrich seine Meinung in Stellungnahmen:

„...folglich sei er der Meinung, dass die Integration Westdeutschlands in den Westen wichtiger als die Wiedervereinigung Deutschlands sei." [3] und

„...war das oberste Ziel der Bundesregierung auf die Wiederherstellung der deutschen Einheit in einem freien, geeilten Europa gerichtet." [4]

In seiner Amtszeit stellte er die Weichen für ein souveränes Westdeutschland. Festgeschrieben hat er seine Politik hauptsächlich in fünf Verträgen bzw. Abkommen. Das erste Abkommen war das Petersberger Abkommen am 23.11.1949 (benannt nach dem Ort der Unterzeichnung, dem Petersberg bei Bonn). Es beinhaltete erhebliche Einschränkungen der Demontagen, die Möglichkeit der Bundesrepublik Deutschland internationalen Organisationen beizutreten, das Recht, konsularische Beziehungen zu anderen Staaten aufzunehmen und das Recht der BRD dem Europarat assoziiertes Mitglied beizutreten. Als Gegenleistung tritt die Bundesrepublik der Internationalen Ruhrbehörde bei, die 1949 ihre Aufgaben übernimmt.

[1] Eduard Wilms: Deutschland nach 1945, Berlin 1955, S.76
[2] Friedrig Becker: Adenauers Außenpolitik, in: Spiegel, Nr.41, 1993, S.37
[3] Aufzeichnungen des Brit. Außenministers Sir Ivon Kirkpatrick, in:
    Josef Foschepoth: Adenauer und die deutsche Frage, 16.12.1955, S. 289
[4] Konrad Adenauer: Erinnerungen 1953-1955, Stuttgart 1968, S.69ff

Der zweite Vertrag war der Pleven-Plan, der aber am 30.8.1954 an der französischen Nationalversammlung scheiterte, da er eine europäische Armee mit deutscher, gleichberechtigter Beteiligung vorsah. Dies hätte nur sieben Jahre nach Kriegsende die Gründung einer deutschen Armee bedeutet, was in Frankreich, aber auch in weiten Kreisen Deutschlands abgelehnt wurde. Der deutsche Bundestag hatte diesem Vertrag bereits zugestimmt, was in der Bundesrepublik zu erheblichen Diskussionen führte.

Die beiden letzten Verträge waren für Adenauer die wichtigsten seiner Amtszeit. Es war der Deutschland Vertrag und die Pariser Verträge. Der Deutschland Vertrag trat am 23.10.1954 in Kraft. In ihm wird der Bundesrepublik Deutschland in weiten Teilen die volle Souveränität zugestanden. Die Alliierten behielten sich aber die Rechte vor, über Berlin, über Deutschland als ganzes und über einen künftigen Friedensvertrag zu bestimmen. Die westalliierten Truppen blieben auch weiterhin in der Bundesrepublik stationiert, um die Sicherheit der BRD zu gewährleisten.

Der letzte Vertragskomplex, der in Verbindung mit dem Deutschlandvertrag zu sehen ist, war die Pariser Verträge. Für Adenauer war dies der Höhepunkt seiner Politik. Sie beinhalteten den Abschluss des Deutschland Vertrages, den Beitritt der Bundesrepublik Deutschland zur Westeuropäischen Union (WEU) und zur NATO. Der für Adenauer fast wichtigste Teil der Verträge war aber der Vertrag zur deutsch-französischen Freundschaft. „Er besagte, dass die Bundesrepublik Deutschland und Frankreich alle Streitfragen beilegen wollen. Das beinhaltete auch die Frage um das Saarland, das einen europäischen Status erhielt. Durch den Beitritt zur NATO musste die Bundesrepublik eine eigene Armee aufbauen. Sie verpflichtete sich auf ABC-Waffen zu verzichten und den defensiven Charakter des Bündnisses anzuerkennen. Als Gegenleistung wurde von den Mitgliedstaaten der Gemeinschaften der Alleinvertretungsanspruch der Bundesrepublik anerkannt." [5]

3.3 Adenauer als „Spalter" Deutschlands?

In der damaligen Zeit gab es große Diskussionen, wie die Einheit Deutschlands erreicht werden könnte und wie die Zukunft eines eventuellen westlichen Teilstaates aussehen sollte, um die Einheit nicht unmöglich zu machen. Es gab hierzu drei allgemein anerkannte Möglichkeiten, wie das erreichbar wäre.

Die eine sah vor, dass man die deutschland- und außenpolitische Entscheidungsgewalt allein bei den Alliierten belässt. Das hätte zur Folge gehabt, dass Deutschland als Spielball zwischen

---

[5] Werner Göbel: Deutschland nach 1945, Stuttgart 1987, S.74 ff

den Supermächten fungiert hätte und die deutschen Interessen eventuell nicht genug berücksichtigt wäre.

„Die zweite Möglichkeit wäre gewesen, dass man erst versuchte, die Wiedervereinigung herzustellen und anschließend eine Anlehnung an den Westen oder eine Eingliederung in den Westen anstrebte. Die Folgen wären möglicherweise gewesen, dass die Westalliierten ihre Sicherheitsgarantien an die Bundesrepublik Deutschland zurückgezogen hätten und die Bundesrepublik so unter Druck geraten wäre. Der dritte Weg war, die Bundesrepublik Deutschland konsequent in den Westen zu integrieren um Souveränität zu erlangen und damit die außenpolitischen Handlungsmöglichkeiten zurückzugewinnen. Dieser Weg hätte die Unterstützung der Westmächte für die westdeutsche Deutschlandpolitik bedeutet, aber mit dem Nachteil dabei die Festigung der Teilung Deutschlands zu festigen." [6]

Zu diesem Thema, welchen Weg man einschlagen sollte, gab es im Bundestag und in der Bevölkerung erheblich Diskussionen. Die Meinung von Erich Ollenhauer, SPD, dazu war: „Die Eingliederung der Bundesrepublik in das militärische Verteidigungssystem des Westens... kann nur zu einer Vertiefung der Spaltung Deutschlands führen. Demgegenüber ist die Annahme, dass das Aufrüsten der Bundesrepublik in der europäischen Gemeinschaft zu einer größeren Verhandlungsbereitschaft der Sowjetunion führen könnte, bestenfalls eine spekulative Hoffnung und nicht mehr. ?" [7]

Die SPD war also gegen die konsequente Westintegration, da sie darin einen Grund der Teilung sah. Sie war aber auch für die Einheit in Freiheit und diese wäre unter einer Herrschaft der Sowjetunion (SU) unmöglich. Ihr Ziel war daher ein neutrales oder an den Westen angelehntes Deutschland. Adenauer dagegen war entschiedener Vertreter der dritten Möglichkeit. Er war für die schnelle Integration der Bundesrepublik Deutschland in den Westen und wollte so über eine Politik der Stärke die SU zu Verhandlungen und Zugeständnissen zwingen. Durch die Berlinblockade, den immer schärfer werdenden Ost-West-Konflikt und den Koreakrieg gelingt es Adenauer, seine Politik der Stärke durchzusetzen. Auch durch die Annahme des Marshallplanes war die Westintegration der Bundesrepublik Deutschland fast schon beschlossen.

Adenauer sagte dazu: „Die Ereignisse in Korea lassen befürchten, dass die Russen eines Tages die Macht ergreifen werden. [...] Wir müssen die Notwendigkeit der Schaffung einer starken deutschen Verteidigungskraft erkennen?" [8]

---

[6] Konrad Adenauer: Erinnerungen 1953-1955, Stuttgart 1968, S. 69 ff
[7] Stefan Schmid: Fragen an die Geschichte, Bd. 4, Frankfurt 1979, S.179
[8] ebd, S.178

Aus dieser Haltung heraus ergab sich für Adenauer, dass die Wiedervereinigung Deutschlands zu dieser Zeit nur möglich gewesen wäre, wenn man in den sowjetischen Machtbereich eingegliedert worden wäre. Da dies aber nicht in Frage kam, musste unter allen Umständen verhindert werden, dass der Westen von der Sowjetunion überrannt würde. Das war aber nur möglich, wenn sich Europa vereint und mit den USA zusammen die freie Welt verteidigt. Gleichzeitig bedeutete dies aber eine Vertiefung der deutschen Teilung. Da Adenauer die Einheit aber sowieso als nicht möglich ansah, entschied er sich diese in den Hintergrund seiner Politik zu stellen und sie vielleicht in Zukunft durch einen starken Westen auf friedlichem Wege zu erzwingen. Für Adenauer war die Westintegration also wichtiger als die Einheit Deutschlands.

Um die westdeutsche Politik auch zukünftig auf diese Linie zu zwingen, schloss er die oben angeführten Verträge. Mit der Wiederbewaffnung, dem WEU-Beitritt und der NATO-Mitgliedschaft schaffte er vollendete Tatsachen.

Adenauer sah in den Verträgen aber offiziell keinen Hinderungsgrund für die Einheit. „Er betonte immer, dass nur über eine feste Westbindung die Einheit möglich sei. Nach Abschluss des Deutschlandvertrages kennzeichnete Adenauer diesen als: Der erste Schritt zu Wiedervereinigung." [9]

Der Sozialdemokratische Pressedienst sah das allerdings ganz anders:

„Die Kluft wird vertieft. [...] Das deutsche Volk hat keinen Anlas zum Jubeln.

Die Unterzeichnung des Generalvertrages erschwert die Wiedervereinigung Deutschlands in Frieden und Freiheit und vertieft die Kluft, die Bundesrepublik von den achtzehn Millionen in der Sowjetzone trennt." [10]

Aber auch in der CDU gab es große Widerstände gegen die Verträge. So trat der Innenminister Heinemann (später SPD-Mitglied und Bundespräsident) zurück. Dieser begründete diesen Schritt so, wie viele Bundesdeutsche damals dachten. Er schrieb in zu seinem Rücktritt: „Vor allem ist es objektiv widersinnig, die deutsche Einheit durch Eingliederung Westdeutschlands in den Westblock zu suchen. Westdeutsche Aufrüstung wird den Eisernen Vorhang dichter schließen. Die Deutschen in der Sowjetzone haben Kriegs- und Rüstungsdienst für die Sowjetunion als Antwort auf unsere Eingliederung in den Westblock zu erwarten. Ein Keil wird den anderen treiben, mit dem Ergebnis, dass eine friedliche Wiedervereinigung Deutschlands immer aussichtsloser wird." [11]

---

[9] Werner Göbel: Deutschland nach 1945, Stuttgart 1978, S.75
[10] ebd., S.76
[11] Gerhard Heinemann: Deutschland in der Entscheidung, in: Stimme der Gemeinde, 01.01.1952, S.13

3.4 Die Westintegration statt die Wiedervereinigung Deutschlands

Das Adenauer die Wiedervereinigung aber als nicht oberstes Ziel seiner Politik ansah, wurde bei der Stalin-Note besonders deutlich. In ihr bot Stalin der Bundesrepublik Deutschland die Vereinigung mit der DDR an. Außerdem sollten sich alle Besatzungsmächte binnen eines Jahres aus Deutschland zurückziehen.

Bundeskanzler Adenauer hielt die sowjetische Angebot für reine Taktik, um den Beitritt der Bundesrepublik zur EVG zu verhindern.

Das deutsche Volk sollte demokratische Rechte erhalten, es sollten nationale Streitkräfte aufgestellt werden und Deutschland sollte in die UNO aufgenommen werden. Als Gegenleistung musste Deutschland die Grenzen nach dem Potsdamer Abkommen anerkennen und sich zur Neutralität zwischen den Mächten verpflichten.

Da Stalin die Note direkt vor der Unterzeichnung des Deutschland-Vertrages und der Pariser Verträge verfasste, wurde das Angebot bei den Amerikanern kategorisch abgelehnt. Die Briten hingegen zeigten sich bereit, unter bestimmten Umständen mit den Sowjets zu verhandeln.

Der britische Außenminister Sir Ivone Kirkpatrick schreibt in seinen Aufzeichnungen vom 16.12.1955: „...,dass ich ihm [dem deutschen Botschafter in London]... erzählt hätte, dass wir in dieser Frage vielleicht flexibler als die Amerikaner sein sollten. Wir könnten zu einer Position kommen, in der wir erklärten, dass wir, unter Voraussetzung einer Wiedervereinigung Deutschlands auf der Grundlage freier Wahlen und der Handlungsfreiheit für eine gesamtdeutsche Regierung im inneren und äußeren Angelegenheiten, jeden einigermaßen vernünftigen Sicherheitsvertrag mit den Russen unterzeichnen sollten?"[12]

Interessant ist, wie Adenauer auf dieses Angebot reagierte. Adenauer schickte den deutschen Botschafter in London zum britischem Außenminister Kirkpatrick, um ihm eine vertrauliche Mitteilung zu machen: „Dr. Adenauer wollte mich [Kirkpatrick] wissen lassen, dass er eine solche Haltung missbillige. Der entscheidende Grund sei, dass Dr. Adenauer kein Vertrauen in das deutsche Volk habe. Er sei äußerst besorgt, dass sich eine künftige deutsche Regierung, wenn er von der politischen Bühne abgetreten sei, zu Lasten Deutschlands mit Russland verständigen könnten. Folglich sei er der Meinung, dass die Integration Westdeutschlands in den Westen wichtiger als die Wiedervereinigung Deutschlands sei."[13]

---

[12] Aufzeichnungen des Brit. Außenministers Sir Ivon Kirkpatrick, in:
Josef Foschepoth: Adenauer und die deutsche Frage, 16.12.1955, S. 290
[13] ebd. S.290

Hier sagte Adenauer ganz deutlich, dass er eigentlich keine Wiedervereinigung zu dieser Zeit will. Er bestand sogar darauf, dass eine Chance zur Wiedervereinigung wie die Stalin Note möglichst vermieden werden sollte. Er wollte erst die feste Einbindung in den Westen, die mit Annahme der Stalin Note nicht mehr möglich gewesen wäre. Warum Adenauer Angst vor einem nicht fest in den Westen integriertes Deutschland hatte, sagte er in seinen Memoiren: „Sowjetrussland versuchte offensichtlich, die Integration Europas zu hemmen mit all den Konsequenzen, die sich daraus ergeben würden. Das beste Mittel, dies zu erreichen, war tatsächlich die von sowjetischer Seite geplante Neutralität Deutschlands. Ohne Deutschland war die Integration Europas von Anfang an zum Scheitern verurteilt. Der Rückfall in einen unzeitgemäßen, unfruchtbaren Nationalismus wäre unvermeidlich. Die Folgen wären mit einiger Sicherheit vorauszusehen: Angesichts des kleinlichen europäischen Handelns und der Unmöglichkeit ein vereintes Europa zu schaffen, würde sich das amerikanische Volk enttäuscht von Europa abwenden. Ein wichtiges Ziel Sowjetrusslands wäre erreicht.

Der Weg für eine schrittweise erfolgende kommunistische Unterminierung der einzelnen europäischen Staaten läge frei. Das Endergebnis wäre die völlige Abhängigkeit Europas von der Sowjetunion."[14]

Adenauer hatte also Angst, dass durch eine Verschiebung der Westintegration oder durch eine Neutralität Deutschlands das Vertrauen der Westmächte, besonders der USA, enttäuscht worden wäre und somit sich die USA mit ihrem schützenden Schild von Europa zurückziehen würden und so der Sowjetunion freien Zugriff auf Europa ermöglichten. Die Europäer wären selbst nicht in der Lage gewesen sich zu schützen, da die europäische Einigung ja ebenfalls gescheitert wäre.

Die Stalin-Note änderte also nichts an Adenauers Einstellung. Ganz im Gegenteil, sie bekräftigte ihn in seiner Ansicht, dass man die SU nur zu Verhandlungen zwingen kann, wenn man einen starken Westen hat. In einer Rede vor dem Fraktionsvorstand der CDU/CSU am 25.3.1952 (15 Tage nach dem Bekanntwerden der Stalin Note) bekräftigt Adenauer nochmals ganz deutlich seine Meinung:

„Wenn die Neuordnung Europas kommt - und sie wird kommen -, dann wird man aber auch nicht vorbeigehen können an einer Neuordnung im europäischen Osten... Wir müssen eben mit den Sowjets im richtigen Augenblick ins Gespräch kommen. Das kann aber erst sein, wenn der Westen stark ist, so dass die Sowjets auf uns und den Westen hören."[15]

Adenauer ließ also diese Chance bewusst aus, der Wiedervereinigung näherzukommen.

---

[14] Konrad Adenauer: Erinnerungen 1953-1955, Stuttgart 1968, S.70ff
[15] ebd., S.83ff

Ein großer Kritiker Adenauers Politik der Stärke war Gustav Heinemann.

Er sagte 1962 im Rückblick nochmals das, was er schon zehn Jahre vorher erklärt hatte: „Über der Politik der großen Worte und einer eingebildeten Stärke wurde das Angebot der Sowjetunion von 1952/54 noch nicht einmal ausgelotet, sondern rundweg ausgeschlagen - das Angebot, einen Friedensvertrag mit einer frei gewählten gesamtdeutschen Regierung gegen Verzicht des wiedervereinigten Deutschland auf militärischen Aufmarsch gegen die Sowjetunion einzuhandeln... Uns... von der Hinterlassenschaft der Adenauer-Politik abzuwenden, steht uns leider nicht frei. Die Angebote, die Alternativen, die gestern galten, sind heute überholt. Die Zeit hat nicht für, sondern gegen Gesamtdeutschland gearbeitet. Nichts weist die Sowjetunion heute heftiger zurück, als was sie vor zehn Jahren vergeblich anbot. Auch "Europa` will nicht halten, was die Adenauer, Schuman und de Gasperi in den fünfziger Jahren versprachen.‟[16]

3.5 Das Ende der „Ära Adenauer"

Am Oktober 1963 trat Bundeskanzler Konrad Adenauer im Alter von 87 Jahren von seinem Amt zurück. Unter Adenauer hatte die Bundesrepublik eine politische Stabilität gewonnen. Es wurde die freiheitlich-demokratische Grundordnung im Bewusstsein der Deutschen etabliert. Die Bundesrepublik wurde aus dem Besatzungsstatut in die Souveränität geführt und erfolgreich ihre Integration in das westliche Verteidigungssystem und die Europäische Gemeinschaft betrieben. In seiner Regierungszeit fielen der wirtschaftliche Wiederaufbau und das Wirtschaftswunder.

Bei der feierlichen Verabschiedung im Bundestag am 15. Oktober 1963 sagt Bundestagspräsident Gerstenmaier: "Am 15. September 1949 haben Sie sich hier von Ihrem Abgeordnetensitz erhoben, um den Platz des Bundeskanzlers der Bundesrepublik Deutschland einzunehmen. Heute verlassen Sie ihn wieder mit einer geschichtlichen Leistung, ungebeugt und in Ehren. Damals standen Sie auf und traten vor das Haus. Heute steht der Deutsche Bundestag vor Ihnen auf, Herr Bundeskanzler, um für das deutsche Volk dankbar zu bekunden: **Konrad Adenauer hat sich um das Vaterland verdient gemacht**" [17].

---

[16] Gerhard Heinemann: Konrad Adenauer und Westintegration, in: Spiegel, Nr.41, 1993, S.35
[17] Gustav Schöllgen: Geschichte der Weltpolitik von Hitler bis Gorbatschow, München, 1996, S.124

4. Schlussbetrachtung

Die außenpolitische Neuorientierung der Bundesrepublik Deutschland während der Ära Adenauer veränderte nicht nur ihre eigenen bündnispolitischen Perspektiven, sondern förderte darüber hinaus eine Entspannung und Stabilisierung der Verhältnisse in Mitteleuropa. Die Bundesregierung schloss Verträge mit dem Osten und Westen, die regelten, was sonst ein Friedensvertrag regelt, aber ungeregelt ließen, was im Interesse aller Beteiligten ungeregelt blieb.

Gustav Heinemann drückt hier die Position der SPD und großer Teile der Bevölkerung aus; man hätte jede Chance nutzen müssen, die Wiedervereinigung zu erreichen. Man hätte zumindest das sowjetische Angebot ausloten müssen, um objektiv entscheiden zu können, ob es annehmbar und vor allem ernsthaft gemeint gewesen wäre. Durch Adenauers sture Politikausrichtung auf Westintegration habe er alle Chancen auf Wiedervereinigung bewusst zerstört und somit sich als Unterstützter der deutschen Teilung betätigt. Man kann nicht klar sagen, dass Adenauer schuld an der Teilung ist, durch seine Politik hatte er aber entscheidend dazu beigetragen, dass die Teilung sich gefestigt hatte. Sicher ist aber, dass Adenauer durch die strikte Westintegration die Lebensverhältnisse der Bundesbürger erheblich verbessert und die Freiheit der Bundesrepublik Deutschland und (West-) Berlins langfristig gesichert hat."
Ob durch eine andere Politik wirklich eine Wiedervereinigung in Freiheit erreicht worden wäre, lässt sich heute auch nicht mehr entscheiden. Man kann aber feststellen, dass Adenauer, indem er alle Chancen auf Wiedervereinigung bewusst ungenutzt ließ und sie sogar bewusst verhindert hat, dass er die Teilung Deutschlands objektiv erheblich begünstigt hat. Auch sein Verhalten am 13. August 1961, dem Tag, als die Mauer gebaut wurde, zeigt, wie unwichtig für ihn eigentlich die deutsche Einheit war. Er setzte seine Wahlkampftour fort, ohne sich großartig um die Ereignisse zu kümmern. Für ihn war die Teilung Deutschlands eigentlich schon seit dem Kriegsende beschlossene Sache. Daher war der Mauerbau für ihn auch kein einschneidendes Ereignis, da die nur bereits bestehende Tatsachen festzementierte. Da das eindeutig noch nicht der Fall war, zeigt, dass Adenauer in Sachen Einheit einer großen Fehleinschätzung erlegen war.
Erst durch die Entspannungspolitik, die sich weltweit durchsetzte und in der BRD durch Willy Brandt vertreten war, änderte sich das deutsch-deutsche Verhältnis wieder, so dass man sich wieder näher kam. Aber so große Chancen zur Einheit, wie unter Adenauer gab es erst 1990 wieder. Dies war jedoch keine direkte Folge der Adenauer-Politik. Eher war es das Ergebnis der Entspannungspolitik und erst in zweiter Linie eine Folge des reichen starken

Westens. Ohne die Entspannungspolitik wäre es nie zur Einheit gekommen, da die Politik der Stärke im Osten eher eine Trotzreaktion auslöste, als Verhandlungsbereitschaft. Adenauer ist daher eher Teiler Deutschlands, als Bewahre der Einheit, obwohl ohne die Stärke des Westens auch nicht die Phase der Entspannung möglich und ohne die Faszination des Westens nicht der schnelle Zusammenbruch des Ostens denkbar gewesen wäre. Der Zusammenbruch des realexistierenden Sozialismus nach sowjetischer Prägung lag aber sicher auch außerhalb Adenauers Vorstellungsvermögens und war deshalb eher eine späte und zufällige Bestätigung seiner deutschlandpolitischen Ziele. Adenauer wird in dieser Frage daher auch immer umstritten bleiben, da kein eindeutiges Fazit gezogen werden kann.

5. Literaturverzeichnis

- Kissinger, Henry: Die Vernunft der Nationen: über das Wessen der Außenpolitik", Berlin, Siedler, 1994
- Meissner, Berndt, A.Eisfeld: 50 Jahre sowjetische und russische Deutschlandpolitik, Berlin, 1999
- Schöllgen, Gustav: Geschichte der Weltpolitik von Hitler bis Gorbatschow, München, 1996
- Lehmann, Hanz G.: Deutschlandchronik 1945 bis 2000, Bonn 2000
- Keiser, Karl, H-P.Schwarz: Weltpolitik im neuen Jahrhundert, Bonn, 2000
- Sontheimer, Kirl, W.Bleek: Grundzüge des politischen Systems, Bonn, 2002
- Göbel, Werner: Westintegration, in: Deutschland nach 1945, Stuttgart 1978
- Bodensieck, Hubert: Die deutsche Frage nach dem Zweiten Weltkrieg, Stuttgart 1972
- Göbel, Werner: Deutschland nach 1945, Stuttgart 1987
- Adenauer, Konrad: Erinnerungen 1953-1955, Stuttgart 1968
- Göbel, Werner: Deutschland nach 1945, Stuttgart 1987
- Wilms, Ernst: Deutschland seit 1945, Berlin 1995
- Göbel, Werner: Deutschland nach 1945, Stuttgart 1987
- Schmidt, Karl: Fragen an die Geschichte, Bd.4, Frankfurt 1979
- Heinemann, Gustav: Deutschland in der Entscheidung, in: Stimme der Gemeinde; 01.01.1952
- Benz, Wolfgang: Geschichte der Bundesrepublik Deutschland, Bd.4, Frankfurt/M. 1989